AF247309

ALLOCUTION

ADRESSÉE

à M. Victor NORMAND et à Mlle Henriette MARTIN

Lors de leur mariage

En l'Église de Saint-Jean-Baptiste de Châtellerault

15 *octobre* 1866

PAR

M. BESSONNET

Curé de St-Jean-Baptiste.

CHATELLERAULT,

IMPRIMERIE DE A. BLANCHARD.

———

1866.

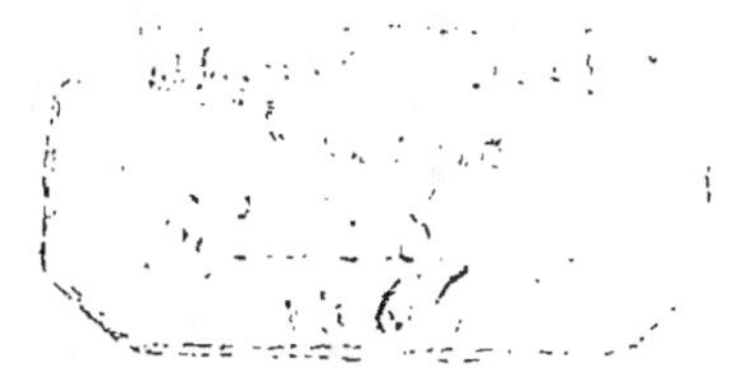

ALLOCUTION

ADRESSÉE

à M. Victor NORMAND et à Mlle Henriette MARTIN

Lors de leur mariage

En l'Église de Saint-Jean-Baptiste de Châtellerault

15 *octobre* 1866

PAR

M. BESSONNET

Curé de St-Jean-Baptiste.

CHATELLERAULT,

IMPRIMERIE DE A. BLANCHARD.

—

1866.

Monsieur et Mademoiselle,

A ce nombreux concours qui vous a précédés dans cette enceinte, à ces regards qui vous cherchent et qui s'arrêtent avec tant de bienveillance sur vos personnes, à cette sympathie manifeste de tant de cœurs qui semblent venir à vous, à ces signes non équivoques d'un intérêt touchant, vous auriez pressenti, si vous ne la connaissiez déjà, l'importance de l'acte solennel que vous allez accomplir. Nous ne voyons pas entourés d'un empressement aussi vif et d'une attention aussi émouvante les actes ordinaires de la vie. C'est qu'en effet il est bien grave et bien imposant ce consentement que vous allez mutuellement vous donner sous les yeux de Jésus Christ qui veut s'en constituer lui-même le témoin et le dépositaire. Au nom et en présence de la religion, de la société, des deux familles qui vous contemplent, le cœur profondément ému, c'est à la vie et à la mort qu'ici, la main dans la main, vous allez vous jurer amour, dévouement et fidélité. Promesse sacrée. irrévocable serment dont aucune autorité, si élevée et si puissante qu'elle soit, jamais ne vous déliera. *Quod Deus conjunxit homo non separet.* Cette parole est immuable comme la vérité. Contrat protecteur des destinées de la famille que le Sauveur a voulu entourer du respect des siècles , en l'élevant à la dignité de sacrement ; union pieuse et sainte qu'il a voulu dégager de tout alliage trop terrestre qui en ternirait la beauté , en nous le représentant comme la figure de son union avec son église.

Parlant de cet amour de Jésus Christ avec son église , le grand apôtre nous dit : qu'il l'a aimée. Oui c'est bien cela, il l'a aimée ! Ainsi, ce n'est pas seulement depuis qu'elle a été rendue visible dans le monde qu'il l'aime ; c'est bien avant ce temps là qu'il lui a donné son amour. En tant que Dieu, dans sa prescience infinie, il l'a vue naître, cette église, avant l'aurore et les montagnes ; elle lui est apparue toute radieuse de ses éblouissantes beautés ; il a souri à la miraculeuse fécondité de ses entrailles ; de toute éternité il en faisait ses délices, et, à son tour , il est venu du sein de sa gloire s'unir à cette fiancée de son cœur, il l'a dotée de trésors célestes et pour qu'elle fût à lui , à jamais , l'épousant à la face du monde , sur l'autel du calvaire, il a imbibé de son sang le lien éternel de cette union ineffable.

Et de son côté l'église ainsi honorée, noble et fidèle épouse, ne s'est pas montrée inférieure aux destinées que lui a faites son auguste époux. Oh ! non loin, de là, de toutes les puissances de son cœur, elle s'est attachée à lui ; ainsi que nous le lisons au divin épithalame qui a chanté cette union mystique ; pour le suivre elle a franchi les vallées et les collines, elle a bravé les cavernes des lions et des léopards ; ses pieds si beaux se sont ensanglantés aux anfractuosités des montagnes ; les ardeurs du midi ont bruni ses incomparables attraits ; mais n'importe, avec ses glorieuses meurtrissures et sont teint bronzé aux feux de l'orient, elle n'en est pas moins belle aux yeux de son céleste époux *Nigra sum sed formosa.*

Eh bien ! le rapprochement se présente de lui-même à la pensée. Sans doute le jeune homme n'a pas la prévision prophétique, toutefois, quand il est vraiment chrétien , ce n'est pas aveuglément et dans la fougue du caprice qu'il se donne une compagne. Décidé à lui vouer sa vie, il la cherche et la veut à la hauteur de l'idée que la religion lui donne de la femme élevée à l'école de l'évangile Sous l'empire de préoccupations et d'anxiétés légitimes, il ne se laissera point éblouir par le prestige souvent trompeur de la fortune , périlleux écueil contre lequel tant d'existences viennent se briser. La fortune, il l'estime ce qu'elle vaut , puisqu'après tout elle est un don de Dieu ; mais, bien plus que l'or, il recherche les bonnes et saintes traditions du foyer domestique. la droiture et la candeur de l'esprit, et ces fortes convictions d'une foi solidement assise qui sont les garanties les plus rassurantes contre les éventualités de l'avenir. Et s'il rencontre sous ses pas cette jeune fille douée et pure qu'à rêvée son cœur, il se complait dans ce trésor , il l'aime et veut l'appeler à lui pour partager ses bons et ses mauvais jours; il l'aime déjà comme Jésus Christ a aimé son église , et à partir du jour où son âme se sera confondue avec la sienne au pied du saint autel, comme Jésus Christ a aimé son église il l'aimera cette jeune épouse, jusqu'à lui prodiguer, s'il le faut, l'effusion de son sang.

Oh ! à partir de ce jour aussi, quel horizon nouveau se découvre aux regards de cette enfant qui jusqu'alors , dans le calme de son âge, n'a connu que les émotions du foyer paternel. Il lui faudra quitter le toit domestique où la tendresse d'une mère l'a dipensée de tout souci. Sa parole une fois donnée , corps et âme , elle appartient à celui dont le choix a fait appel à son cœur. Pour jamais avec lui la voilà engagée dans cette vie à deux, pour prendre sa part de la rosée du ciel et de la graisse de la terre , mais aussi pour partager avec lui la chaleur et le poids du jour et la fatigue du chemin. Les sentiers de la vie ne seront pas toujours bordés de fleurs , elle y rencontrera des épines , elle ne les suivra pas moins en compagnie de son époux. Quand elle verra son front se perler de sueurs et plier son courage , âme toujours aimante et dévouée , elle sera là pour essuyer son visage et raffermir son cœur Monsieur, Mademoiselle . je n'ajouterai rien de plus , pour vous montrer l'harmonie touchante que la foi nous révèle entre le sacrement qui va vous unir à jamais. et l'union de l'église, notre mère, avec N. S. Jésus Christ. Seulement je me donnerai la consolation de proclamer ici hautement jusqu'à quel point je suis heureux de reconnaître que l'un et l'autre vous avez tout ce qu'il faut pour faire ressortir et justifier la vérité de cet admirable symbole.

Pour vous d'abord. Monsieur. je puis dire que vous m'offrez cette précieuse garantie dans vos excellents principes , votre ferme caractère et votre esprit distingué qui me sont personnellement connus D'ailleurs des amis haut-placés qui vous veulent du bien , ont fait violence à votre modestie, et nous savons, sinon de vous, du moins par eux, tous les avantages que vos talents , rehaussés par une vie sans reproche, vous promettent d'avenir dans la carrière laborieuse que vous avez embrassée. Dès vos jeunes années, par choix vous avez voulu vous ranger sous le drapeau d'élite de ces hommes énergiques et infatigables qui, au prix de leurs veilles et souvent au péril de leurs jours travaillent à supprimer les distances, contribuent si puissamment à créer des conditions d'existence inconnues jusqu'à nous, aux générations nouvelles. Oui, Monsieur, vous faites partie, et c'est beau, et je vous en glorifie, de ces intelligents travailleurs que le Bossuet contemporain, dont les lèvres sont aujourd'hui muettes dans la tombe a si bien nommés les *pionniers* de la providence Or, ce n'est pas d'hommes sérieux et appliqués tels que vous qu'une jeune femme peut redouter ces légèretés coupables qui la condamnent à regretter dans un abandon déchirant les jours de sa jeunesse. Vous serez l'époux fidèle à la sainteté du lien conjugal, et vos délassements les plus chers seront toujours ceux que vous êtes assuré de trouver constamment à l'ombre de votre foyer D'ailleurs, Monsieur, on forligne difficilement quand on est, ainsi que vous, en quelque sorte enveloppé du réseau protecteur des meilleures traditions domestiques Pour vous, il n'y a pas uniquement les souvenirs d'un respectable père, les exemples d'une mère accomplie couronnée de ses enfants comme de ses vertus ; de tout côté, parmi les vôtres, l'honorabilité vous entoure.

De grandes administrations d'abord doivent à votre famille des hommes qui portent sur leur poitrine cette étoile de l'honneur, glorieux emblème des éminents services qu'ils ont rendus ; et puis l'église de son côté n'a pas une moindre part que le pays dans les talents et les vertus de ceux qui vous tiennent de plus près par les liens du sang. Comme prêtre, j'épargne la louange à qu'elqu'un qui m'écoute ici, et qui souffrirait de m'entendre révéler tout ce que j'ai ap-

pris de son esprit et de son cœur Mais il est entre tous une
illustre personnalité que je ne saurais passer sous silence
et dont je vois la brillante et sainte auréole se refléter sur
votre personne comme sur tous les siens. Dans l'histoire de
notre patrie, comme dans les fastes de l'église, à une page
douloureuse sans doute, mais qui ne sera jamais effacée,
on lira le nom du prêtre vénéré qui reçut dans ses bras sur
l'autel de son martyre l'immortel pontife dont le sang a
peut-être sauvé la France On nommera le digne complice
du grand archevêque de Paris, mort sur les barricades,
votre oncle maternel, qui mérita si bien alors de prendre
place sur l'un des trônes de ces évêques des anciens jours
qui ont perpétué la foi au sein de la catholique Bretagne.
Monsieur, on peut être légitimement fier d'un si noble bla-
son de famille, et j'ai la conviction que rien en vous ne le
démentira.

Je viens à vous maintenant, Mademoiselle Henriette, ou
plutôt, ma chère enfant ; car en interrogeant les souvenirs
de mon cœur, depuis un quart de siècle, à bien des titres
je puis vous nommer ma chère enfant J'ai versé sur votre
front l'eau du saint baptême ; vous ayant vue croître sous
mes yeux et au sein de l'amitié, ayant eu devant Dieu la
direction de vos sentiments et de vos pensées depuis votre
jeune âge, je sais tout le prix que vaut pour celui qui va
vous être uni à l'instant le don que vous lui faites de votre
personne. Certes, mon enfant, vous êtes bien la fleur que
le souffle du monde n'a pas encore touchée ; vous le con-
naissez à peine. Vous devenez épouse n'ayant jamais eu
l'esprit imbu que des leçons si douces et si pures de votre
mère et des exemples de sagesse et de piété que vous avez

eus sous les yeux Et vous aussi vous apportez comme une
des richesses de votre contrat des souvenirs de famille qui
vous obligent. Il y aura pour vous d'abord une leçon tou -
jours présente et de nobles encouragements dans la vie
privée de ce père si digne et si chrétien que Dieu a favorisé
d'une famille nombreuse parcequ'il a vu en lui pour ses enfants un guide sûr et un modèle, comme il en apparaît
peu de nos jours au milieu de l'abaissement si général des
caractères et du dé; érissement des vertus domestiques.

Homme excellent ! Je me tairai sur cette intégrité à toute
épreuve qui n'est à ses yeux qu'une vertu vulgaire et qui
est tellement inhérente à sa personne que, sous ce rapport,
ses adver aires. s'il pouvait en avoir, n'oseraient se montrer
ses détracteurs. Mais je dirai que par ses convictions et ses
habitudes profondément chrétiennes, il a su perpétuer au
milieu des siens les traditions religieuses que lui-même a
recueillies au sein de sa famille. Aussi, chrétien ferme et
sans détour, ses sentiments si généreusement accusés seront-
ils une loi irrésistible pour le cœur de ses enfants.

Particularité touchante ! dans le rapprochement des deux
familles que vous unissez aujourd'hui, mademoiselle; dans
celle de votre futur époux nous voyons l'église de France
honorée par les talents et les éminentes vertus qui font la
gloire du sacerdoce catholique; de votre côté si nous inter-
rogeons l'histoire de la vieille cité de Sainte-Maure qui nous
a donné votre père, nous nous inclinons de respect devant
la mémoire de ces quatre curés remarquables qui, d'oncle
à neveu, se succédant pendant une période plus que sécu-
laire sous les noms de René, Louis, René et Louis Martin,
se transmirent dans cette ville sans intermédiaire les fonc-

tions curiales et y fondèrent ainsi jusqu'à l'époque de nos grands troubles politiques une sorte de dynastie pastorale. Hommes de piété, d'intelligence et de cœur, ils ont laissé, dans ce petit coin de la Touraine, des souvenirs ineffaçables, et chaque année une cérémonie commémorative vient dire aux descendants de ceux qu'ils édifièrent par leurs vertus et qu'ils comblèrent de leurs bienfaits : Louons les hommes pleins de gloire qui sont nos pères et dont nous sommes les enfants, *laudamus viros gloriosos et parentes nostros in generatione suâ* Ce sont là, Mademoiselle, pour des enfants chrétiens des titres qui les glorifient et qui leur valent la plus haute noblesse des ancêtres. Telle est à nos yeux aussi, ma chère enfant, la plus précieuse corbeille de noces, elle vaut bien au moins l'or et les diamants.

Après cela, si j'en croyais mon cœur, que de souvenirs n'aurais-je pas à faire revivre et à invoquer ici pour vous montrer dans les traditions maternelles la route que vous devez suivre pour ne pas vous écarter de vos devoirs d'épouse, pour apparaître constamment parée de ces vertus conjugales qui feront la joie de votre époux et la gloire de votre maison Il y a là tout près de moi une âme émue dont la présence met un sceau sur mes lèvres et qui me reprocherait de retracer le tableau vivant où vous avez lu chaque jour ce qu'il y a de plus délicat, de plus tendre, de plus dévoué et de plus saint dans la tâche qui vous attend au sortir de cette enceinte.

Cette tâche, d'ailleurs je puis le prédire et l'affirmer sans crainte, non, vous n'y faillirez pas. Votre intelligence développée par une éducation forte et chrétienne ne vous laissera certainement ignorer aucune des obligations de votre nouvel état. Donnant aux relations et aux convenances du monde ce que votre position vous commandera, les jouissances du toit conjugal auront toutes vos préférences. Par votre dévouement de femme chrétienne autant que par les charmes naturels de votre caractère, vous saurez vous attacher le cœur de votre époux. Ses joies comme ses tribulations seront les vôtres. S'il vous arrive de remarquer qu'il ait parfois à se plaindre des évènements ou des hommes, vous trouverez dans votre cœur le secret de relever son courage. Puisant dans une solide piété les forces que vous communiquerez à son âme, vous lui ferez chérir et pratiquer avec vous cette religion qui seule peut maintenir le calme et la sérénité au foyer domestique. Et si le ciel vous élève à la dignité de mère, c'est encore la religion, plus éloquente que la nature, qui rappellera à votre cœur ce que fut pour vous votre mère et ce que vous devez d'amour et d'abnégation à vos jeunes enfants.

Monsieur et Mademoiselle, je sens qu'il faut mettre un terme à cette allocution dont la longueur ne peut m'être pardonnée qu'en faveur des sentiments d'affection dont je suis pénétré pour vous. Je ne ferai donc plus qu'exprimer mes vœux pour le bonheur de votre union à laquelle je m'applaudis devant Dieu d'avoir contribué, dans l'espoir bien fondé que l'un et l'autre vous en seriez heureux. Ah ! oui, soyez heureux, Monsieur, autant et aussi longtemps que le désirent les vôtres, que vous le désirez vous-même et que je le souhaite si ardemment pour vous. Et vous, ma chère enfant, que Dieu répande sur vous les meilleures bénédictions dont il a jamais comblé les épouses les plus favorisées de ses grâces et qu'il a dotées des plus riches trésors de son cœur. Encore quelques jours et vous vous éloignerez

de nous ; vous accomplirez cette loi de séparation du toit
paternel qui est dans vos destinées ; désormais vous n'appa-
raîtrez plus qu'à de rares intervalles dans cette enceinte où
vous nous avez édifiés par votre recueillement et votre piété.
Cependant, ma pensée d'ami et de pasteur ne vous quittera
pas ; elle franchira les distances ; mes prières vous suivront
où que vous portiez vos pas. Et tandis qu'au foyer et dans
les intimités de la famille on redira souvent votre nom, moi,
chaque jour, à l'heure du saint sacrifice, comme je vais le
faire à l'instant, je demanderai à Dieu qu'il vous donne à
vous et à votre époux sur cette terre tout le bonheur pos-
sible et qu'il le couronne un jour par celui de l'éternité.

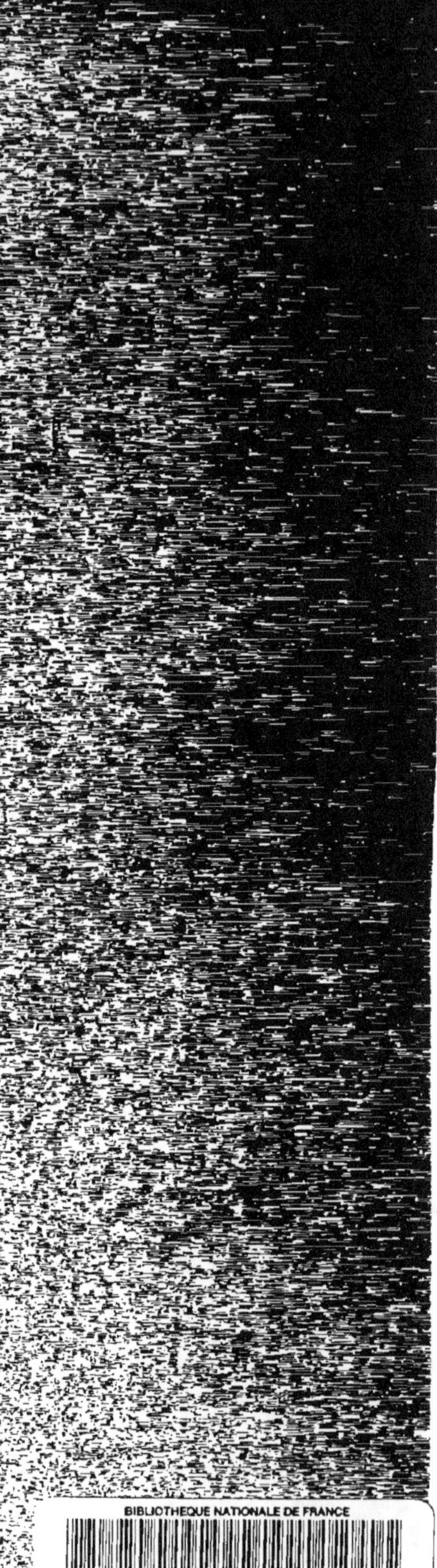